LA CRISE

ALGÉRIENNE

QUELQUES MOTS SUR LA COLONISATION

LA LETTRE DE SA MAJESTÉ L'EMPEREUR

PAR

JULES VINET

PROPRIÉTAIRE COLON A L'OUED-BOUGRINA

PARIS

E. DENTU, LIBRAIRE-ÉDITEUR

PALAIS-ROYAL, 13
Et Galerie d'Orléans, 17

—

1863

LA CRISE ALGÉRIENNE

Le Sénat vient d'être appelé à étudier une question qui doit décider des destinées de l'Algérie. La colonie toute entière, saisie d'une immense émotion, attend avec angoisse un arrêt qui peut être heureux ou funeste pour elle.

L'opinion publique, vivement surexcitée, demande une solution.

Dans de telles circonstances, nul ne trouvera, nous l'espérons, inopportun qu'un colon, qui a vu et jugé par lui-même l'état de la colonie et ses besoins, croie de son devoir de soumettre au Sénat quelques réflexions qui peuvent éclairer le problème qu'il s'agit de résoudre.

PREMIÈRE PARTIE

L'Afrique française, comme pays agricole, renferme des sources de richesse de la plus haute importance; son avenir industriel, pour le travail des métaux, promet aussi d'être fort brillant, et sa position géographique toute exceptionnelle, par sa proximité de la mère patrie, rend ces avantages doublement précieux pour la métropole.

La conquête de l'Algérie est donc pour la France une heureuse acquisition dont il lui faut chercher à tirer, aussitôt que possible, le plus grand parti; elle lui assure dans l'avenir un accroissement de fortune et d'influence qui sera sans égal en Europe, et il dépend d'elle seule d'en rapprocher le terme en entrant résolument dans la voie de l'action et du progrès.

Si l'esprit public en France se montre surpris de voir la colonie, au milieu de ses grandes ressources, faire de si lents progrès, le colon algérien s'étonne bien davantage de voir que sa patrie adoptive a pu résister à l'instabilité du système gouvernemental.

La désolante infériorité de l'Algérie, que révèle la comparaison des progrès de ce pays à ceux des États-Unis et de l'Australie, est bien faite pour amener à douter et à faire désespérer de la colonie les esprits les moins prévenus. Cette infériorité laissée sans explication, a donné le champ libre et rendu la victoire facile aux adversaires de la colonisation. L'argument sans réplique a toujours été de nier au caractère français les qualités qui font un peuple colonisateur, mais cela donne-t-il la raison qui a jusqu'à ce jour empêché les Allemands et les Irlandais de venir en foule peupler un état catholique où règne la tolérance religieuse? L'argument qui dit tout, qui explique tout, si légèrement accepté, si généralement répandu, ne serait-il pas seulement une excuse derrière laquelle on se serait retranché pour n'avoir pas su rendre l'Algérie colonisable? C'est l'avis de tous les colons.

Rendez l'Algérie colonisable et les Français coloniseront. Un simple rapprochement des lois qui régissent les colonies anglaises de celles qui ont toujours servi à diriger l'Algérie suffira pour faire partager au lecteur cette conviction.

Dans les colonies anglaises on trouve un pouvoir local unique et stable, qui, doué d'assez de puissance pour l'autoriser à résoudre les questions et à faire les choses, inspire la confiance à ses administrés.

Une liberté complète qui offre l'attrait d'une amélioration dans la vie civique, la liberté de spéculation avec laquelle se développe l'initiative individuelle.

Un système à l'égard des indigènes régulièrement suivi, au moyen duquel insensiblement on arrive à détruire tous les dangers dont ils menacent les colons, et à surmonter tous les obstacles qu'ils peuvent apporter aux progrès de la colonie.

En Algérie, au contraire, le pouvoir civil est tellement restreint, tellement impuissant qu'il ne peut rien sans l'autorisation préalable de la métropole. C'est un gouvernement sans stabilité, sans consistance, sans suite dans les idées et sans énergie dans la marche. C'est une ombre de pouvoir qui ne peut arriver à rien produire, réduit qu'il est à voir la colonie attaquée par ses détracteurs sans qu'il lui soit possible de la défendre.

Enfin, à côté de lui, comme s'il était déjà trop fort, se trouve un second gouvernement jouissant d'une grande influence, la

puissance militaire, dont les intérêts lui sont opposés, et qu
vient ajouter encore à sa faiblesse, en le neutralisant dans
ses moindres efforts.

Tandis que sous le régime anglais, le colon, plein de confiance
dans son gouvernement, tranquille sur le présent, confiant dans
l'avenir, marche résolument devant lui, sûr qu'il est d'être soutenu par la métropole elle-même, où l'on a le bon sens et le pa-
triotisme de ne pas l'attaquer; le colon de l'Algérie, qui ne sait
quel avenir le menace, rempli d'incertitudes et d'émotions au
sujet de la position présente, ne peut trouver le courage dont il
a besoin pour tenter de sérieuses entreprises. Les attaques
passionnées dont il est l'objet l'inquiètent et l'effraient. Civil
depuis hier, il craint de retomber sous le régime militaire de-
main. Peut-il avoir foi dans l'avenir avec cette appréhension?
Il est bien audacieux déjà s'il ose espérer et attendre.

Pour attirer l'émigration, l'Angleterre et les États-Unis non-
seulement font briller aux yeux de l'Europe le plus séduisant
attrait, la liberté, mais encore ils exemptent ceux qui immigrent
dans leurs colonies de toutes les charges et de tous les impôts
qu'ils subissent dans la mère patrie.

Ces nations savent bien qu'un homme, un père de famille surtout, ne se décide pas à quitter le pays qui l'a vu naître, dans
lequel jusqu'à ce jour il a pu vivre, s'il n'y est sollicité par quelque sérieuse espérance ou par quelque avantage important. La
France n'a pas encore compris cette donnée si simple : car non-
seulement elle ne tente l'émigrant français par aucune séduction, mais encore elle lui fait une position plus malheureuse que
celle qu'il pouvait avoir dans la patrie.

La liberté politique détruite par l'envoi des déportés de 48,
hommes dangereux, destinés à être maintenus et surveillés d'une
façon toute spéciale, ne fait que commencer à naître; et la liberté d'action qui trouve mille entraves dans la lutte des deux
pouvoirs et dans l'incertitude des idées sur la gouvernementa-
tion des Arabes, manque en Algérie plus que partout ailleurs.
Sous le rapport des avantages matériels, l'Algérie n'est nulle-
ment favorisée. Le cultivateur français tire au sort, devient soldat, ce qu'il eût évité s'il eût choisi l'Australie ou l'Amérique; il
y retrouve l'impôt de son village sous toutes les formes (1). Dans

(1) Impôt locatif, chemins vicinaux, prestation personnelle, impôt sur les chiens,
chevaux, voitures, et bientôt l'impôt foncier.

son bon sens prévoyant, il devine qu'il lui faudra faire bien des efforts d'énergie pour se trouver une position dans un pays où tout est à créer et où doivent manquer les ressources et les facilités des régions entièrement exploitées. Peut-il se décider à partir pour l'Algérie, quand il sait que ses tentatives pleines de courage ne seront récompensées par aucun avantage immédiat et certain? Ne serait-il pas fou, cet homme, de quitter sa patrie où son pain est assuré, le clocher de son village, ses parents, ses habitudes, ses amis pour aller affronter l'inconnu toujours effrayant, avec si peu de chance d'une amelioration dans son sort.

L'Algérie, placée dans ces conditions défavorables, ne peut détourner que bien peu d'émigrants des troupes immenses qui prennent la route de l'Amérique et de l'Australie. Les Français eux-mêmes préfèrent suivre le flot général qui les conduit vers des régions où ils entrevoient de plus riantes perspectives; et notre colonie ne marche, pas et les colonies anglaises font des pas de géant. Mais cela vient-il du caractère français qui n'est pas colonisateur, ou de la colonie qui n'est pas colonisable? Quels sont donc les hommes qui émigrent en Algérie? Ce sont des journaliers chassés par l'opinion de leurs villages, des cerveaux brûlés qui ne doutent de rien. Rarement, bien rarement, c'est un cultivateur sérieux qu'a décidé l'exemple des premiers succès d'un parent ou d'un ami. Si nous n'avions que l'émigration spontanée, la population de la colonie serait presque nulle, car les trois quarts des colons français sont d'anciens militaires qui n'ont plus voulu retourner en France; ce sont encore des négociants qui possédaient des notions sur les ressources commerciales de la colonie, ce sont des voyageurs qui ont vu ce beau pays, qui se sont épris de la douceur de son climat, des charmes sauvages de sa nature, et n'ont pas hésité à s'attacher à son avenir par les liens de la propriété. (Richard Cobden et tant d'autres.)

Mais de même que rien n'attire l'émigrant, rien ne retient le colon qui a réussi. Un climat magnifique, une vie large, pleine d'énergie et d'action, une société moins compassée que celle de France et plus libre d'esprit, ne suffisent pas toujours pour contrebalancer les inconvénients du régime de la colonie.

La patrie, le souvenir du passé n'ont pas été effacés par la comparaison d'un état meilleur; ils ont survécu, ils étaient un regret. Il est donc des colons qui, lorsqu'ils ont acquis une position de fortune qui les rend libres, retournent en France. On comprend qu'ils désirent retrouver la jouissance des droits dont ils ont été privés pendant longtemps. Ils veulent nommer leurs gouvernants, se reposer tranquilles au milieu d'une complète sécurité, loin des incertitudes douloureuses dont leur esprit a toujours été tourmenté au sujet du sort présent et à venir de la colonie, leur résidence. Mais parce que l'Espagnol et l'Allemand oublient leur patrie et préfèrent l'Algérie où ils sont plus heureux, où ils trouvent de plus gros salaires, une plus grande liberté et des idées libérales qui, pénétrant en eux, les initient aux satisfactions morales qu'elles apportent avec elles ; parce que l'Allemand et l'Espagnol restent et que le Français s'en retourne, cela ne prouve pas contre notre caractère. Ceux-là arrivent dans une vie plus heureuse et inconnue pour eux, tandis que nous qui sommes nés avec elle, nous souffrons de ne plus la trouver la même, et nous n'aspirons qu'à la posséder complète et entière.

Que l'Algérie soit établie comme doit l'être une colonie, qu'on lui accorde des avantages sur la métropole au lieu de la lui rendre inférieure en position, et les Français iront en masse la peupler et n'en reviendront plus. C'est là le secret de la colonisation anglaise, c'est là la raison de la puissance fécondante de cette nation ; que les conditions deviennent les mêmes, et l'Algérie, sans mines d'or, se colonisera aussi vite que l'Australie.

L'Afrique est une admirable machine à laquelle la France n'a pas encore donné la force motrice. Qu'elle fasse un effort, un sacrifice momentané ; qu'elle donne le mouvement, et la colonie, qui n'attend que ce jour, produira les merveilles que lui assurent ses avantages et ses ressources.

DEUXIÈME PARTIE

Mais, au milieu de situations aussi contraires aux progrès de la colonie, il faut rendre justice au gouvernement civil qui nous régit en ce moment. S'il ne produit pas grand chose, du moins il cherche, il propose, et même il entrevoit à peu près ce qu'il y aurait à faire.

Il a compris que la liberté était une séduction indispensable pour établir un équilibre de choix entre l'Algérie et l'Australie, et il demande une constitution libérale pour la colonie. Malheureusement il abandonne cette sage pensée lorsqu'il s'agit des attraits et avantages matériels, et se lance dans la voie dangereuse de la formation d'un budget spécial. Ce serait se répéter que d'insister sur l'impolitique de cette marche, qui, jusqu'ici, a eu pour effets de détourner l'émigrant du pays.

Enfin, sous la pression énergique et constante de l'élément civil, il a présenté le projet du cantonnement des tribus, c'est-à-dire la constitution de la propriété arabe avec ses droits d'aliénation et de vente.

Ce projet de loi, depuis longtemps le vœu des hommes éclairés de l'Algérie, était enfin le système qui devait désorganiser le peuple arabe, tout en savegardant ses droits légitimes ; il achevait de le soumettre en l'enlevant à l'influence de ses chefs ; en liant ses intérêts aux nôtres, et, par la possibilité qu'il lui donnait de commercer avec nous, il l'initiait à nos mœurs, le lançait dans notre civilisation. Le cantonnement ouvrait encore à la colonisation européenne des terrains immenses et jusqu'alors incultes, dont la vente devait produire des sommes considérables ; mais ce projet de loi avait ses excès et ses erreurs, et, sur l'ordre de l'Empereur, le projet de loi a été retiré. Une lettre de Sa Majesté a indiqué au Sénat la manière dont la propriété arabe doit être constituée en Algérie.

Cette lettre, qui ne donne qu'une idée générale du système à employer, n'explique pas comment il sera appliqué dans ses détails. Deux voies se présentent : nous allons montrer et comparer les effets que l'une ou l'autre produiront ; il ressortira, de ce simple rapprochement, une lumière qui sera peut-être utile à l'Algérie dans l'examen et la délibération des bases générales de la constitution nouvelle de la colonie.

Afin de bien faire comprendre l'urgence et l'avantage de l'établissement de la propriété indigène, il est indispensable de donner auparavant la constitution sociale du peuple arabe.

Lors de notre conquête de l'Algérie, nous avons trouvé le territoire appartenant, soit à la mosquée, soit au gouvernement, sauf quelques douars, propriétés particulières fort rares que nous avons maintenues. L'Arabe n'était pas propriétaire du sol ; un canton était accordé à une tribu d'une façon qui n'était perpétuelle que par la bonne volonté du possesseur, moyennant un achour annuel (impôt) versé au propriétaire, État ou mosquée, par le kaïd ou scheick, premiers de la tribu.

Le scheick divisait en parcelles ce territoire communal par un partage dont il était seul juge, et assignait à chaque famille, moyennant l'achour (et généralement plus) une djebdâ (ordinairement ce que peut labourer une paire de bœufs dans l'année). Ce partage était annuel : chaque année, le scheick changeait le morcellement, agrandissait la djebdâ d'un fidèle serviteur, diminuait celle d'un ennemi, privait ce dernier, si bon lui semblait, de tous moyens de vivre.

On peut se faire une idée de la puissance terrible de cet homme qui pouvait retirer le pain de la main du fellah (cultivateur) qui ne lui était pas soumis, le frappant sans raison d'impôts dans le courant de l'année, assuré qu'il était d'être soutenu par les autres, désireux de posséder les bonnes grâces du chef partageur tout-puissant des terrains.

S'il sonnait la guerre, qui osait ne pas marcher? Il menaçait les timides de ne pas leur donner de terre; aux récalcitrants, il pouvait faire tomber la tête, car il possédait de fait pouvoir de vie et de mort; le Sultan était loin.

Quelle influence pouvait avoir sur un peuple une telle organisation, sinon de détruire sa conscience morale et de le faire tomber dans la servilité la plus vile. La guerre qui existait d'une façon presque permanente avec les tribus voisines, a seule pu défendre ce peuple de la décrépitude complète où le conduisait ce dégradant despotisme. Dans l'ordre matériel, il résultait de ce pouvoir du scheick, de modifier sans cesse le partage des terres, une indifférence absolue du présent, un découragement perpétuel, le dégoût du travail, la paresse incarnée devenue excusable et même forcée par l'intérêt. Qu'un Arabe fellah eût greffé des arbres, planté des figuiers, creusé un fossé de dessèchement au milieu de sa terre, nettoyé sa djebdâ de quelques broussailles, et il eût été sûr de ne plus la posséder l'année suivante, convoitée qu'elle était par les favoris du scheick, par le scheick lui-même. Quelle abominable servitude! plus grande que celle des serfs de la féodalité. Quel esclavage! plus dur que celui du nègre, qui voit l'intérêt de son propriétaire dans sa vie et sa santé.

L'Arabe, n'étant pas propriétaire, ne pouvant améliorer sa

djebdâ, qu'il ne détient qu'à titre provisoire, se trouve réduit aux insuffisantes ressources qu'elle peut lui procurer avec une culture annuelle et sans avenir. Il vit donc misérablement en face de l'impossibilité de jamais faire fortune, et limité dans ses espérances à la vie plus ou moins aisée de l'année. Cette organisation a fait des Arabes non pas un peuple, mais une armée permanente, car elle leur inculque dès l'enfance toutes les qualités et tous les défauts qui font le véritable guerrier. Le besoin d'obéir, l'insouciance de l'avenir, l'indifférence du sol, la sobriété forcée par la pauvreté, l'habitude des souffrances climatériques qu'ils ne peuvent combattre par de sérieux abris, ne restant qu'une année sur le même terrain. Tel nous avons trouvé l'Arabe, esclave misérable, agriculteur fainéant, mais soldat dangereux ; tel il est encore, car le scheick a conservé le partage des terres. La crainte d'un châtiment empêche le fellah de se plaindre, et l'administration, malgré sa bonne volonté, ne peut y apporter une surveillance efficace et active, qui aurait peut-être ses dangers. L'Arabe devenu libre, cessera d'être guerrier, notre conquête sera à jamais établie et nous aurons rendu un grand service à ce malheureux peuple. Le fellah aujourd'hui notre ennemi, deviendra notre allié quand il aura compris et connu la liberté. Là se trouvait donc le but à poursuivre. Mais il fallait un premier effort de la France, car l'Arabe ne devine pas plus les joies que la liberté doit lui procurer, que le nègre ne comprend le bonheur de sa vie future sans l'esclavage.

Cet effort qui se résume à bien peu : détruire la cause fondamentale de cette servitude, la pierre angulaire de cette constitution féodale ; créer la propriété chez les Arabes, va être fait, car Sa Majesté, dans sa lettre du 7 février au maréchal, duc de Malakoff, l'a promis à l'Afrique.

La France, en effet, ne pouvait maintenir plus longtemps cette honteuse organisation sans se rendre complice d'un crime contre les lois de l'humanité.

Constituer la propriété chez l'Arabe, c'est l'arracher à la tyrannique incertitude de sa position actuelle ; c'est développer en lui l'amour de la possession, c'est lui faire connaître les satisfactions de la tranquillité d'esprit et de l'avenir assuré ; c'est faire naître en lui le goût de l'amélioration et l'attachement au sol ; c'est adoucir sa vie ; c'est lui donner conscience de sa valeur morale; c'est l'initier à nos glorieux principes de liberté, d'égalité et de justice.

Comme on le voit, la loi de l'établissement de la propriété arabe est œuvre d'humanité en même temps que de bonne politique. Elle est appelée à dissoudre la société actuelle arabe; elle apporte à ce peuple une constitution nouvelle qu'il bénira si on sait la lui approprier; elle lui ouvre la porte de la civilisation européenne en donnant la première base de l'assimilation aux mœurs et au caractère français.

Mais c'est une mesure importante et décisive, et l'on doit se garder d'une imprudente précipitation, qui, par une application maladroite d'une aussi noble pensée compromettrait l'avenir de la colonie et ferait manquer le but proposé. L'Arabe est un enfant ; son intelligence a toujours été fermée à la vie individuelle; le rendre majeur exige des précautions et des *restrictions* qui pour d'autres seraient vexatoires et injustes, mais qui, pour lui seront sages et paternelles.

Il ne faudrait pas que le Sénat, mû par un noble sentiment de bienveillance et d'équité, vint trop lui accorder, *car l'indigène ne retirerait aucun avantage de largesses inutiles, plutôt nuisibles à son intérêt.*

Il ne s'agit pas seulement de donner à l'Arabe du terrain, il faut encore créer en lui l'esprit de possession ; il faut lui faire comprendre sa nouvelle situation d'homme libre, et l'amener à en profiter et à en jouir; il faut surtout chercher à améliorer son sort en sachant prévoir et écarter les dangers de l'avenir.

On peut appliquer le grand principe que Sa Majesté vient de poser de deux manières.

La première est de diviser le territoire de chaque tribu en portions égales, et d'en donner la propriété aux Arabes de la tribu.

Mais cette division, qui paraît si simple au premier abord, produirait les plus singuliers effets.

Le territoire du Tell comprend 14 millions d'hectares.

3 millions d'hectares appartiennent à l'État et à la colonisation européenne, ou forment les marais, lacs, rivières, terres de parcours et landes.

11 millions d'hectares sont parcourus par les Arabes.

Il faut déduire de là près de 4 millions d'hectares qui forment la Kabylie, dans laquelle la propriété est établie depuis des siècles.

Il est inutile, et il serait imprudent de rien faire dans cette partie de l'Algérie, où la forme gouvernementale est la république démocratique la plus perfectionnée de l'Europe, basée sur le suffrage universel et la décentralisation. On ne peut songer à introduire le colon européen que dans les endroits où la terre est à l'Etat.

Il reste 7 millions d'hectares.

Si l'on déduit la population kabyle, plus compacte que celle de bien des régions de France, et qui atteint le chiffre d'un million, on ne trouve plus dans le Tell qu'un million d'Arabes des tribus.

120 mille Arabes des villes, porte-faix, cafetiers, commerçants.

8 mille Turcs ou Kourouglis, turcos, spahis, interprètes, courriers, etc.

Plusieurs milliers de nègres, tous dans le Tell, domestiques ou casseurs de pierres.

25 mille Israélites, négociants presque tous Français.

Les autres Arabes peuplent le Sahara.

De ce million d'Arabes des tribus, il faut d'abord retrancher les enfants et les femmes, comme apportant droit de partage, et même on ne peut guère compter sur plus d'une personne par famille ; en voici la raison :

Lorsqu'un Arabe a atteint l'âge de seize ans, son père cesse tout travail et lui passe la charrue et la faucille ; c'est à lui à semer, récolter, à nourrir toute la famille. Lorsque le second fils a atteint l'âge viril, le frère aîné, le plus souvent, se repose à son tour, et se contente de donner un peu d'aide à la moisson et de surveiller le troupeau Le fils aîné hérite seul des biens du père.

Il ne faut pas penser à détruire brusquement cette loi qui vient de Mahomet; il en résulterait un mouvement général dans la nation, qui ne souffrirait qu'impatiemment que l'on touchât en même temps à la famille et à la religion. Cette coutume, d'ailleurs, est très-importante pour eux; ils y tiennent essentiellement ; elle satisfait leur paresse ; elle leur est utile et indispensable ; le fellah, condamné à la pauvreté, sans possibilité d'en sortir, trouve en elle le repos de la vieillesse, l'assurance de la vie pour les jours d'impuissance et de caducité.

Le nombre des fellahs labourant se réduit donc à une personne par famille, bien rarement deux, et le Tell arabe (sans la Kabylie) ne compte que 1,200 mille hectares cultivés par les familles des tribus qui ne s'élèvent pas à plus de cent quarante mille.

Il n'y a pas dans le Tell d'Arabes spécialement pasteurs.

Si l'on partage les 7 millions d'hectares qui composent le Tell arabe entre les 140 mille chefs de famille, chacun d'eux aura 50 hectares.

Mais on ne peut diviser ce territoire en lots de même contenance; pour obtenir cette égalité, on serait forcé de procéder au déplacement de tribus entières, ce qu'il faut éviter à tout prix. On s'en tiendra donc à partager en parties égales le territoire spécial des tribus. C'est alors qu'il se produira des différences excessives dont les effets seront malheureux pour les intérêts arabes.

Dans certaines régions où les tribus sont agglomérées et nombreuses, chaque chef de famille ne saurait avoir plus de 8 hectares. Dans d'autres endroits où les tribus sont disséminées et ont été en partie détruites par la conquête, chacun d'eux possédera 100 ou 200 hectares de terre.

8 hectares, ce n'est pas assez pour l'Arabe, avec sa manière de cultiver : cela suffit pour le faire vivre, mais non pour lui permettre l'aisance et le bien-être ; il lui manque sa grande ressource, le lait de ses vaches et la vente des élèves de son petit troupeau. 100 hectares, c'est beaucoup trop, car il n'est pas assez riche pour donner la moindre valeur à de telles étendues. 10 hectares labourés, 5 ou 6 en pâturage, c'est tout ce qu'il peut faire ; le reste de son terrain sera sans valeur pour lui, il n'aura pas même le bénéfice d'une location, puisque tous les cultivateurs agiront sur leurs propriétés. L'impôt foncier deviendra alors une lourde et injuste charge (1). S'il peut vendre ses terres, dans sa défiance de ses droits, et pour se débarrasser de cet impôt sans compensation et ruineux, il se pressera de s'en défaire au premier prix qu'on voudra bien lui offrir: 2 fr. l'hectare, le plus souvent une avance de céréales, un simple prêt. Alors on verra, et on l'a vu dernièrement, des kaïds acheter des cent mille

(1) On pourrait établir l'impôt non plus d'après l'étendue de terrain, c'est-à-dire à tant l'hectare, mais d'après le nombre des charrues. Non-seulement ce moyen ferait éprouver au trésor de grandes pertes, mais encore il conduirait à faire imposer l'Européen d'après la même base. Ce serait un malheur pour la colonie et pour le gouvernement. Il est sage de ne pas froisser les coutumes des indigènes, mais pour que l'assimilation se fasse naturellement et sans secousse dans l'avenir, il faut que toute loi nouvelle soit rendue la même pour les deux peuples.

hectares de terre d'un seul lot, et reconstituer le communisme aristocratique antérieur, tout en plaçant le droit pour eux, et mettant ainsi la France dans l'impossibilité de le détruire.

Si on ne lui accorde pas la possibilité de vente, les terres qu'on lui donne n'ont plus qu'une valeur négative par l'impôt foncier; ce n'est plus un avantage qu'on lui fait, c'est une perte annuelle qu'on lui impose, et on ne le sort point de la position fausse dans laquelle il se trouve aujourd'hui de ne pouvoir commercer avec l'Européen. Peut-on vendre à crédit, prêter à un homme qui n'a rien pour répondre de ses engagements et qui n'offre aucune garantie saisissable ?

Dans l'un et l'autre cas, la civilisation de l'Arabe reste impossible.

S'il peut vendre, les Européens n'iront pas acheter dans des endroits éloignés de tout secours, impraticables, perdus au milieu des tribus, et les riches indigènes accapareront pour rien, par une simple menace, des étendues immenses sur lesquelles ils domineront en maîtres absolus; ils payeront l'impôt foncier à l'Etat, ils sont assez riches pour cela ; ils ne commanderont qu'à des locataires, et le gouvernement n'aura plus de raison pour s'ingérer dans la gestion de leurs affaires ; l'Arabe, enfin, sous le souvenir et avec l'habitude de son ancienne organisation, se laissera reprendre des droits qu'il n'aura pas eu le temps de comprendre, et aux choses d'aujourd'hui rien n'aura été changé. On aura légalisé la servitude actuelle de ce malheureux peuple, assuré le despotisme avide de ses chefs ; et la position sera devenue pire, parce qu'elle sera irrémédiable.

S'il ne peut vendre ses terres, on verra d'immenses étendues de millions d'hectares à tout jamais stériles, et dans lesquelles l'élément européen ne pourra pénétrer. L'Arabe vivra avec l'Arabe et notre civilisation lui restera inconnue. Les deux races, éloignées l'une de l'autre, n'ayant que des rapports rares et difficiles, vivront chacune de leur côté, sans union possible, toujours prêtes à profiter d'un moment favorable pour fondre l'une sur l'autre. La France n'aura apporté à l'Arabe que l'humiliation de ses défaites, et pour en arriver là, elle se sera imposé des sacrifices énormes dont elle ne pourra plus entrevoir la fin, à moins que, pour réparer une faute qui n'aurait pas eu d'excuse, elle ne consente plus tard à commettre un acte injuste de dépossession qui amènerait des luttes sanglantes.

On peut éviter ces tristes résultats et ces effrayantes perspectives en employant le second moyen, qui est simple, juste et sans
danger. Non-seulement il remédierait à tous les inconvénients,
mais il permettrait de prendre les mesures les plus favorables pour
la colonie.

La justice ne reste juste et vraie qu'autant qu'on l'approprie à
l'intelligence de l'individu avec lequel on a affaire; la rendre,
pour un enfant, dans toute sa sévérité et sa froideur serait nui-
sible et cruel. Ses lois sont écrites d'une façon immuable, mais
ses applications et ses arrêts doivent aussi être signés par la
conscience, le cœur et la raison : c'est ce principe qu'il ne faut
pas oublier dans cette importante question arabe. En entourant
le partage de toute la surveillance désirable, il faudrait indiquer
une limite à la contenance des propriétés accordées, la fixer à
15 hectares. La famille, sur cette étendue, pourra vivre dans une
large aisance pour le moment, avec ses moyens imparfaits de
culture ; elle arrivera plus tard à se créer une riche position
lorsqu'elle emploiera nos procédés agricoles : fumure du sol, ins-
truments perfectionnés (1).

Dans une tribu qui ne peut fournir que 8 hectares par tête, après
la division par 15 hectares, on déplacerait ceux pour lesquels il
ne resterait plus de terre, et on les conduirait sur les terrains
disponibles des tribus à grands territoires.

À 15 hect. pour 140 mille chefs de famille, on aurait 2 millions cent mille hect., plus les propriétés des scheicks (qui sont
presque toutes déjà reconnues) ; il resterait donc environ 4 millions sept cent mille hect. dont l'Etat se saisirait. On empêche-
cherait pour 10 ans (2) les Arabes de vendre, afin qu'ils aient
le temps de comprendre la réalité de leurs droits, la valeur de
leur propriété, les satisfactions de leur vie nouvelle. Pour se
procurer le matériel nécessaire sans recourir aux prêts usurai-
res dont ils sont accablés aujourd'hui, ils pourraient emprunter
à un taux d'intérêt légal sur leur propriété hypothécable (3).

---

(1) La forte moyenne de production de blé à la charrue arabe est de 3 à 5 fois la
semence.

A la charrue française elle atteint de 15 à 18 fois la semence.

(2) Et plus pour les tribus éloignées.

(3) L'Arabe est tellement pauvre que le plus souvent il est obligé, pour travailler,
d'emprunter des bœufs de labour et des semences. Les prêts se font entre Arabes.
La semence se rend double à la récolte. Deux bœufs d'une valeur de 150 fr. se
prêtent pour jusqu'à la fin des labours (3 mois), moyennant un retour de 150 fr.
en espèces à la récolte. Les deux bœufs ont dû être engraissés.

En cas de non-remboursement au bout de la 10e année, le paie-
ment du capital emprunté et de ses intérêts se ferait par une
vente judiciaire et publique, ce qui ne permettrait pas les ventes
anticipées. Enfin l'État évaluerait ses terres et les mettrait en
vente à prix fixe, s'opposant ainsi à une dépréciation exagé-
rée des terres déjà possédées. Entre les tribus il pourrait se
créer des centres européens, l'union des intérêts se ferait sur
une large échelle, l'Arabe apprendrait à connaître notre civilisation, ses avantages et ses bienfaits, et l'assimilation, devenue
possible, se produirait à coup sûr. Car l'Arabe, tout en restant
musulman de rite. aussi bien que le juif européen, deviendra
chrétien de mœurs, de goûts et de caractère (1). La France
n'aura pas manqué à sa mission : en échange de sa victoire,
elle aura donné la liberté et la civilisation. L'État, possesseur
de 4 millions sept cent mille hect. d'une valeur moyenne de 50 fr.
l'hectare, tiendrait une ressource qui, entre ses mains, vaudrait
235 millions, tandis que s'il les laissait aux Arabes, ils donneraient lieu à la plus forcenée des usures, aux plus injustes spo-
liations et ne représenteraient qu'une valeur presque nulle de 2
ou 3 millions. (Voir la note précédente.)

L'Algérie pourrait alors appeler l'émigration et l'attirer par
des séductions. Le Gouvernement créerait l'impôt foncier, mi-
nime d'abord, pour les terrains surtout, en indiquant, afin que
l'avenir soit rendu bien clair, les époques auxquelles il voudrait
l'élever, avec le taux de l'augmentation.

Il doublerait l'octroi de mer, tout en réduisant la part des
communes dans une proportion qui n'accroîtrait pas leurs revenus actuels (plus que suffisants). Il détruirait l'impôt locatif sur
les fermes et les bas loyers ; l'impôt sur les chiens (animaux in-
dispensables en ce pays de bêtes fauves), sur les chemins vicinaux (si injuste pour les Arabes (2), et tous les autres pour 50 an-

----

(1) Il faudrait fournir à l'Arabe, disposé à venir à nous, les moyens d'échapper à
la législation des kadi (juges).

Les Arabes des villes préfèrent notre justice française, immuable et écrite ; le
gouvernement devrait accorder à tous les Arabes le droit, sur la demande *d'une
des parties*, de réclamer notre juridiction. Ce n'est rien imposer, c'est seulement
permettre un heureux mouvement qui n'attend qu'une permission pour se produire.

Des Arabes ont l'intention de présenter au Sénat une pétition à ce sujet.

(2) Cet impôt attaque l'industrie chevaline, dont il compromet l'avenir, car il pèse
sur des animaux reproducteurs.

Une famille possède ordinairement trois ou quatre chevaux et juments. inutiles aux
travaux, qui vivent de ce qu'elles trouvent, mais qui *servent* toutefois dans les cas
exceptionnels. Ces bêtes qui ne coûtent rien à nourrir, ne donnent d'autres rapports

nées. Et dans la vente des terres il trouverait les ressources suffisantes pour combler le déficit du budget.

Le timbre, l'enregistrement, le domaine et les postes donnent, sur deux cent mille Européens seulement, quatre millions par an . . . . 4 millions.

L'impôt foncier, propriétés rurales et urbaines, donneraient . . . . 2 millions.

L'octroi de mer (actuellement 7 millions) . . . . 12 millions.

Soit. . . . . 18 millions.

En supposant que la vente des terres ne donnât que 5 millions annuellement, on aurait un total de 23 millions. C'est ce que l'Algérie dépense y compris ses travaux publics (3 millions).

Mais l'impôt foncier augmentant par la vente des terres, le timbre récoltant davantage par les transactions plus nombreuses de nouveaux Européens et par celles des Arabes (hypothèques), l'octroi de mer, qui est un impôt de consommation, s'accroissant avec le nombre des émigrants, le budget atteindrait bientôt un chiffre de recette bien supérieur.

L'Algérie ne coûtera plus alors à la France que l'entretien de l'armée qu'exige cette colonie. Il est bon de savoir à quelle somme cela peut monter. Les 65 mille hommes qui sont en Afrique, faisant partie de l'armée française, ne sauraient être licenciés : on ne peut donc appliquer à l'Algérie que l'augmentation du coût de chaque homme (1). Cette différence est de cent francs, comme l'a dit le général Allard au corps législatif; c'est donc une somme de 6 millions 500 mille francs par an. Mais les services que le séjour d'Afrique rend à la France en faisant son armée aguerrie et toujours prête au combat, compensent bien ce sacrifice.

Le système des impôts ainsi établi, et la France ayant donné au gouvernement local un pouvoir plus indépendant, en at-

que leurs produits, dont la valeur est si faible que l'impôt devient relativement énorme.

Cet impôt aura encore pour effet de diminuer le nombre des bêtes de sommes disponibles, et de faire monter, par ce fait, à des prix inabordables, le transport à dos, le seul possible dans bien des endroits.

(1) Nous lisons dans un article de journal que l'Algérie coûte 60 millions par an à la France ; l'auteur porte sur le budget de l'Algérie les 65 mille hommes qui y séjournent. Nous croyons avec le gouverneur général qu'il ne doit être appliqué à l'Algérie que l'augmentation qu'exige l'entretien du soldat dans ce pays.

Lors de la guerre contre la Russie, ce chiffre de 65 mille hommes a pu être réduit sans inconvénient de plus d'un tiers.

tendant que l'avenir le rende inutile et le détruise naturellement par l'assimilation, il suffirait à notre gouvernement, pour compléter l'ensemble d'utiles mesures et assurer la colonisation, d'accorder aux colons une plus grande liberté d'action, afin de développer en eux l'initiative individuelle, de leur laisser nommer aux suffrages les conseils municipaux et les conseils généraux, et trois membres au corps législatif pour les trois départements ;

De rendre faciles les mariages et la naturalisation des étrangers ;

De dispenser du service militaire tout Français qui s'engagerait à habiter pendant 20 années la colonie.

Avec de telles conditions, il aurait rendu le pays colonisable.

L'Algérie n'est pas, en réalité, une simple colonie ; c'est la continuation de la France, qui doublera un jour les revenus de la patrie commune, ses armées, le nombre de ses citoyens et la rendra la nation la plus puissante de l'Europe. La France d'alors comptera 130 départements, onze cent mille hommes de troupes régulières, elle possédera des ressources immenses, une marine toute-puissante dans la Méditerranée, réellement devenue un lac français.

Et la France, forte de 50 millions d'hommes, répandra dans l'univers les grands principes de sa révolution.

Travailler à cette œuvre c'est servir Dieu, l'humanité et son pays. C'est au Sénat qu'incombe cette mission qui fera époque dans l'histoire, et dont le principe, dû à la noble initiative de l'Empereur, étudié, compris et sagement appliqué, donnera la prospérité à l'Algérie. Ce ne sera pas la moindre gloire d'un grand règne.

20688 — Imprimerie Renou et Maulde, rue de Rivoli, 144.